스물여섯 단어로 배우는 흥미진진한 생물 이야기

"ABCs OF BIOLOGY"

생물학의 ABC

크리스 페리·카라 플로렌스 지음 | 정회성 옮김

Anatomy
해부학

해부학은 생명체의 내부 구조와 기관을 연구하는 학문이에요.

의사와 과학자들은 인체 해부학을 연구해 우리 몸 안의 뼈, 장기, 뇌 같은 기관이 고장 났을 때 어떻게 고쳐야 하는지 알아냈어요. 동물학자들은 지구에 사는 수많은 생명체를 더 잘 알기 위해 동물 해부학을 연구해요.

Bacteria
박테리아

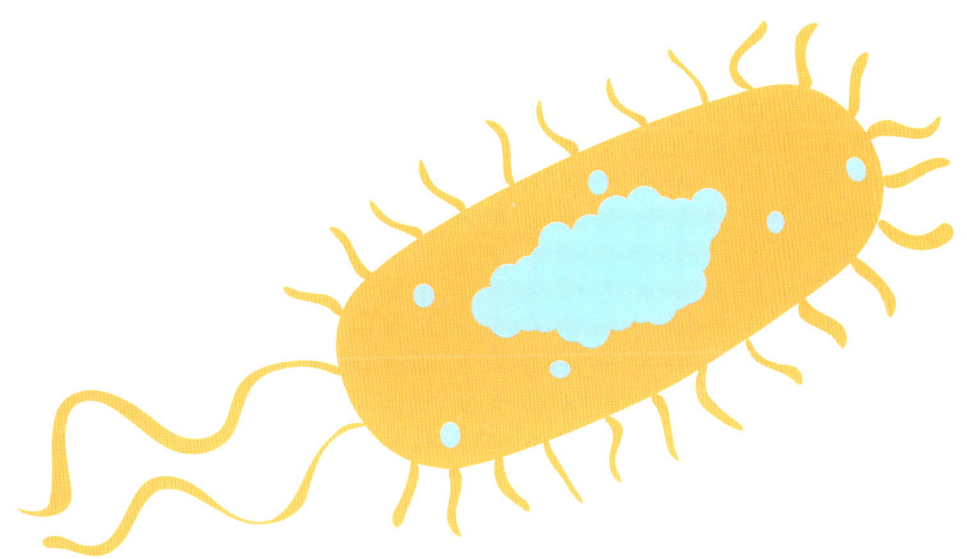

박테리아는 아주 작은 단세포 생물이에요.

하나의 세포로 이루어진 생물을 단세포 생물이라고 해요. 과학자들은 우주에 있는 별보다 지구에 있는 박테리아가 더 많다고 말한답니다. 우리를 아프게 하는 박테리아도 있지만, 지구와 우리 몸에서 아주 중요한 역할을 하는 박테리아도 많아요.

C_{ell}
세포

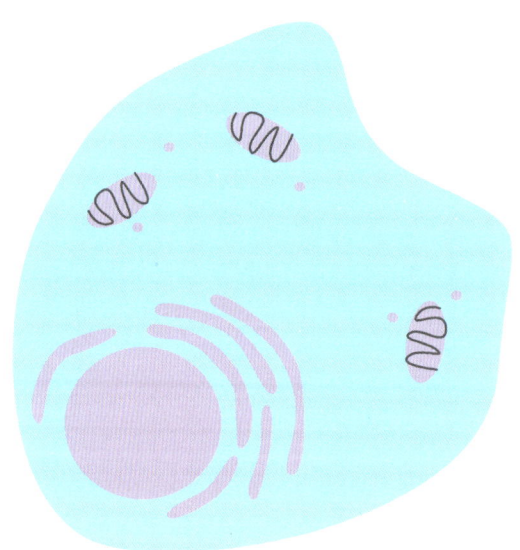

모든 생명체는 세포로 이루어져 있어요.

지구에는 한 개의 세포로 이루어진 생명체도 있고, 수십조 개에 이르는 세포로 이루어진 생명체도 있어요. 세포에는 유전 정보를 담고 있는 DNA와 여러 중요한 일을 해내는 단백질이 들어 있어서 생명체가 살아갈 수 있게 만들어요.

Drosophila melanogaster
드로소필라 멜라노가스터

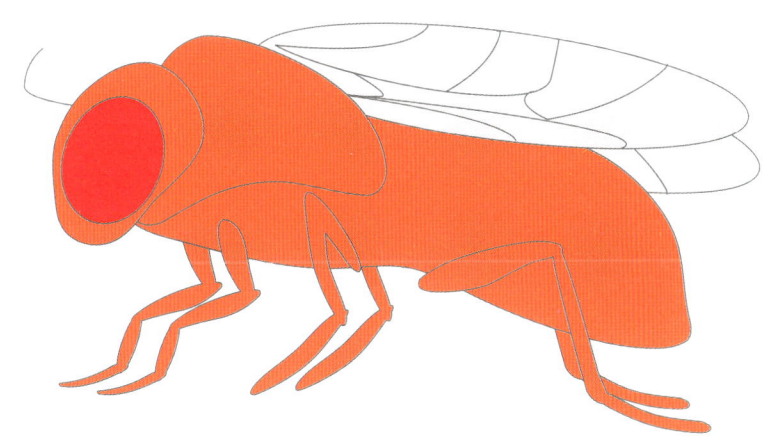

드로소필라 멜라노가스터는 노랑초파리의 학명이에요.

과학자들은 생명체의 작동 원리를 연구할 때 노랑초파리를 실험 대상으로 활용하곤 해요. 이렇게 특정한 생물학적 현상을 이해하기 위해 실험에 쓰는 생물을 '모형 생물'이라고 해요. 과학자들은 초파리를 연구해서 인간의 수면 주기, 후각, 부모로부터 형질을 물려받는 방법 등 많은 정보를 얻고 있어요.

Ecosystem
생태계

생태계는 생명체들의 공동체예요.

우리 몸의 장 안에 사는 미생물, 산호초 주변에 사는 생물들, 그리고 지구에 사는 모든 생명체가 맺는 관계를 모두 생태계라고 말할 수 있어요. 생태계의 구성원은 종종 다른 구성원의 도움을 받아 번성해요.

Fossil
화석

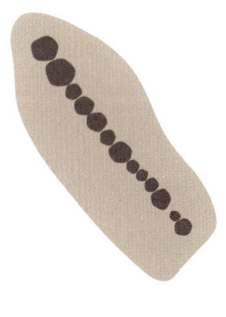

화석은 아주 오래된 동식물의 유해와 흔적 등이 땅속에 묻힌 채 남아 있는 걸 말해요.

공룡 뼈, 동물의 발자국, 물고기, 식물, 심지어 고대 박테리아도 화석이 될 수 있어요. 화석은 땅속에 묻혀 있는 생물체를 이루는 물질과 땅속에 들어 있는 광물질이 서로 자리를 바꾸거나 지하수에 녹아 있던 광물질이 생물체의 조직으로 스며들 때 만들어져요. 그러면 형태가 보존되어 오랜 세월이 지난 뒤에도 과학자들이 화석을 통해 그 동식물을 연구할 수 있어요.

Glucose
포도당

포도당은 수많은 생명체에게 에너지를 주는 단당류예요.

포도당은 식물이 광합성을 할 때 만들어져요. 동물이 포도당을 먹으면 몸 안의 세포가 에너지를 만들기 위해 포도당을 분해하지요. 우리가 숨을 쉴 때 내뱉는 이산화탄소의 대부분은 포도당에 들어 있는 탄소에서 나온 거예요.

Hemoglobin
헤모글로빈

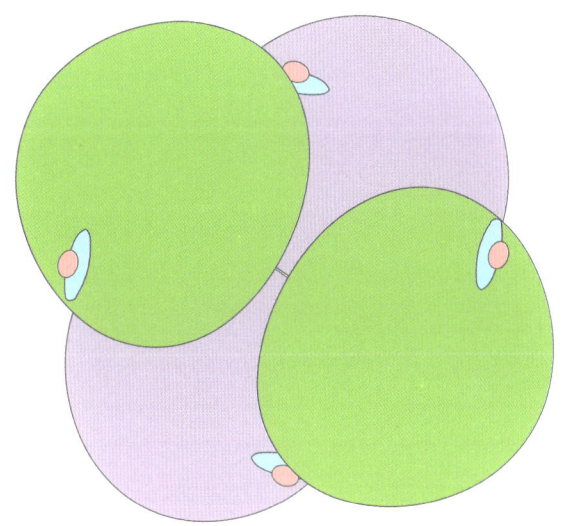

헤모글로빈은 혈액 속에 들어 있는 단백질로 몸 전체에 산소를 운반해요.

헤모글로빈은 산소와 결합하는 철 원자를 가지고 있어요. 철은 산소와 결합하면 빨간색을 띠기 때문에 많은 동물의 피가 빨간 거랍니다. 문어, 게, 거미 같은 동물은 구리를 사용해서 산소를 운반하는 다른 단백질을 가지고 있어요. 구리는 산소와 결합하면 파란색을 띠기 때문에 이 동물들의 피는 파란색이에요.

Immune system
면역 체계

면역 체계는 해로운 세균으로부터 우리 몸을 보호해요.

면역 체계는 우리 몸에 들어온 나쁜 세균을 찾아내려고 끊임없이 움직여요. 그러다 세균을 발견하면 싸워서 물리치지요. 그러고는 그 세균을 기억해요. 그 뒤에 우리 몸에 같은 세균이 들어오면 더 잘 싸울 수 있게요!

Jejunum
빈창자

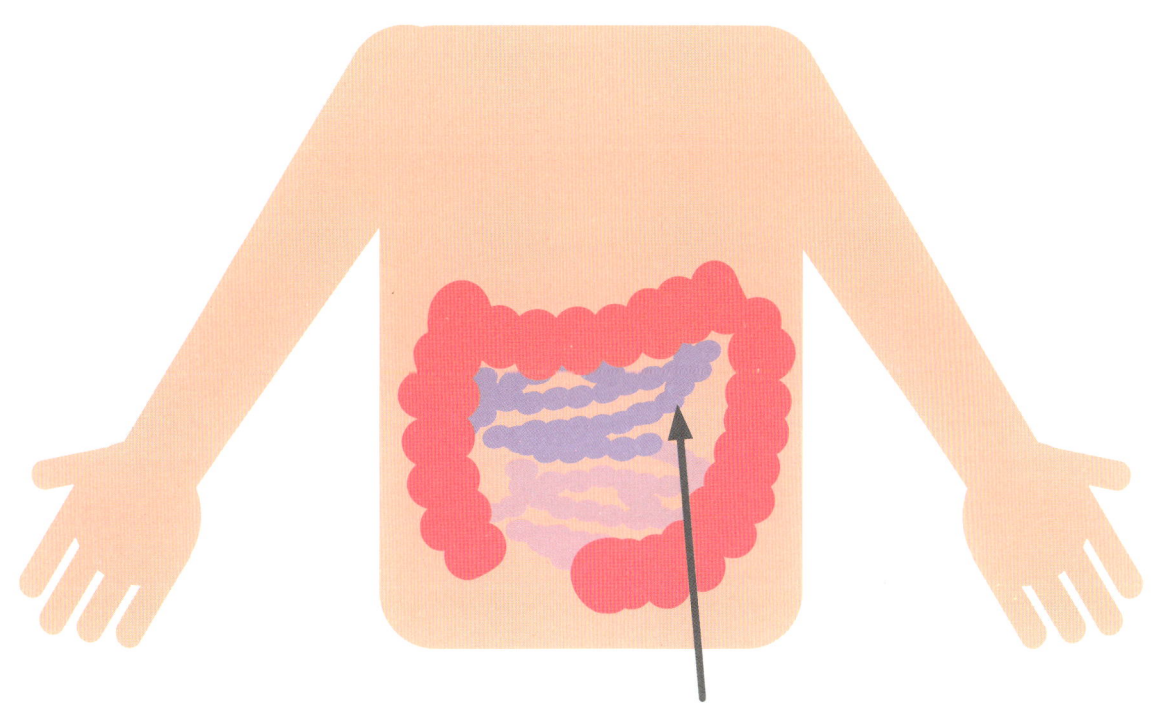

빈창자는 작은창자의 중간 부분을 가리켜요.

빈창자는 소화 기관의 일부예요. 길이는 2미터 정도지요. 해부했을 때 속이 비어 있는 경우가 많아 이런 이름이 붙었어요. 하지만 작은창자에서 일어나는 소화와 영양분 흡수의 대부분은 빈창자가 맡고 있답니다.

Keratin
케라틴

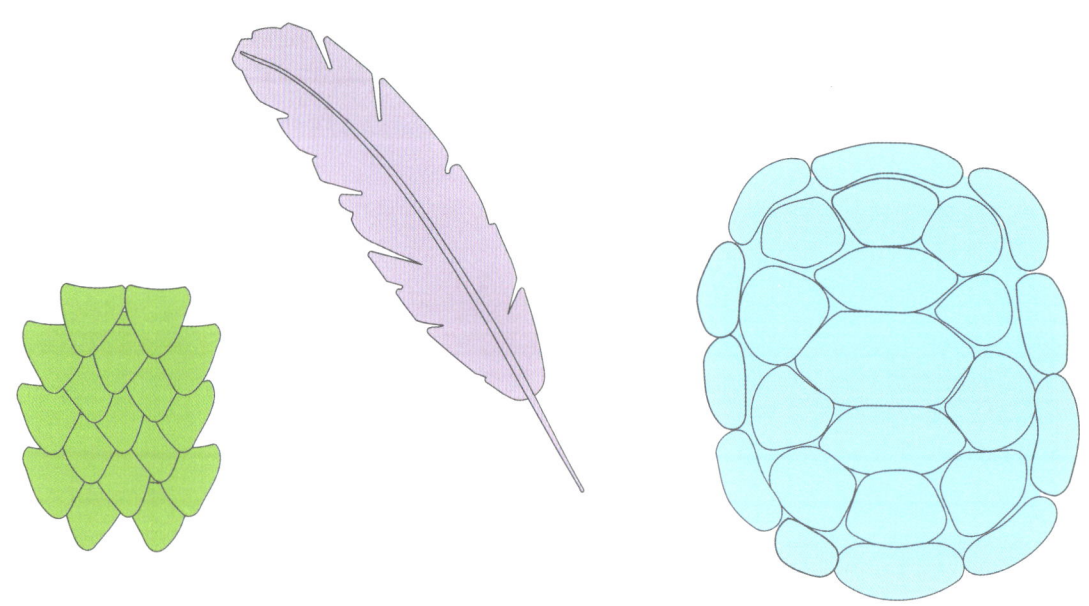

케라틴은 몇몇 동물이 자신을 보호하기 위해 사용하는 단백질의 한 종류예요.

동물들은 피부, 털, 비늘, 발굽, 뿔 등을 케라틴으로 만들어요. 케라틴은 다양한 형태의 분자 결합을 이루지요. 그래서 비늘처럼 질기거나, 깃털처럼 부드럽거나, 거북이 등껍질처럼 딱딱한 물질을 만들 수 있어요.

Larva
유생

알　→　유생　→　번데기　→　성충

유생은 여러 동물의 생애에서 초기 단계를 뜻해요.

유생 상태의 동물은 '변태' 과정을 거쳐 성체(다 자란 동물의 몸)가 돼요. 성체는 유생과는 아주 많이 다른 모습과 습성을 갖지요. 올챙이가 자라 개구리가 되고, 애벌레가 자라서 나비가 되는 것처럼요.

Microscope
현미경

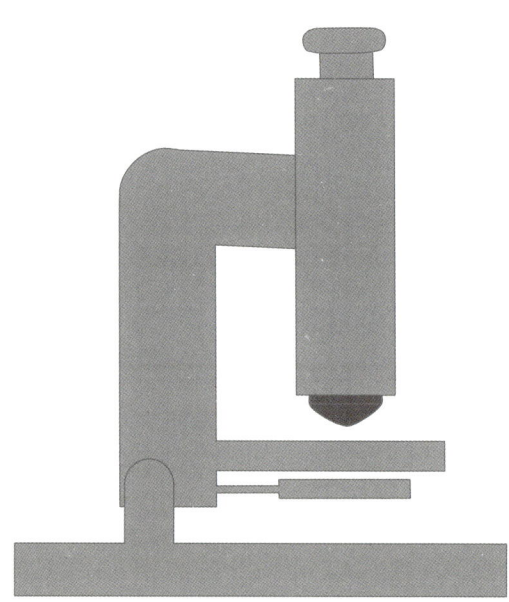

현미경은 우리가 아주 작은 것을 볼 수 있게 해 줘요.

현미경은 종류가 많아요. 어떤 현미경은 물체를 크게 확대하기 위해 빛과 렌즈를 사용해요. 또 어떤 현미경은 아주아주 작은 것을 보기 위해 전자와 전자석을 사용해요.

Neuron
뉴런

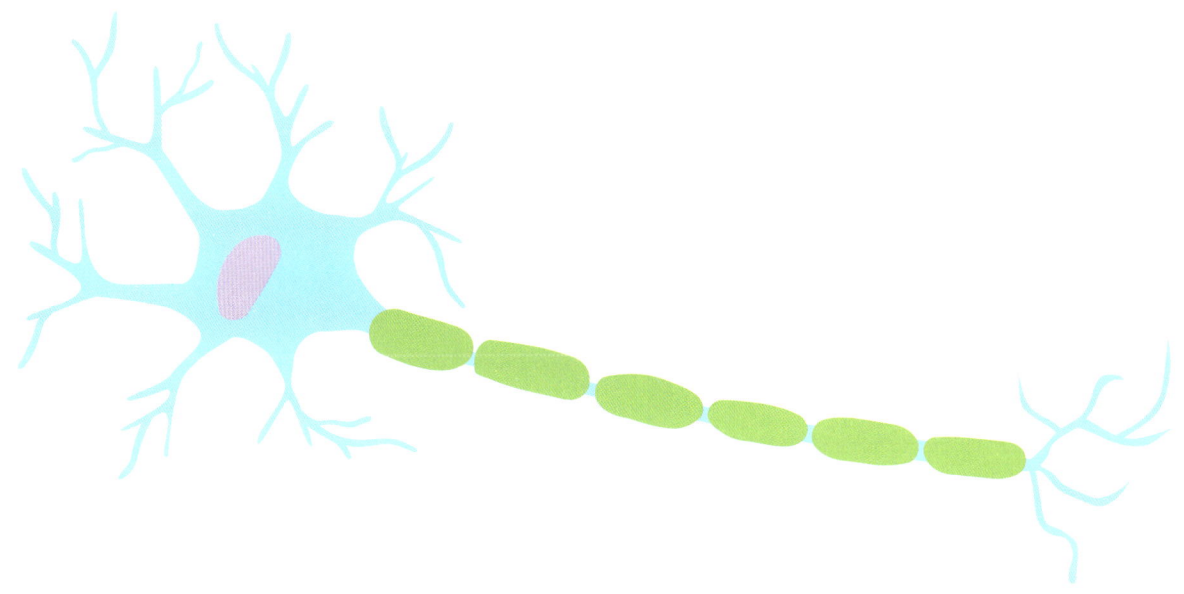

뉴런은 몸 전체에 신호를 보내는 세포예요.

뉴런을 '신경 세포'라고도 해요. 뉴런은 정보를 전달하기 위해 서로 전기 신호를 보낼 수 있어요. 우리의 뇌가 움직이고, 생각하고, 보는 등의 메시지를 주고받는 일은 뉴런의 이런 활동으로 이루어져요.

Ossification
골화

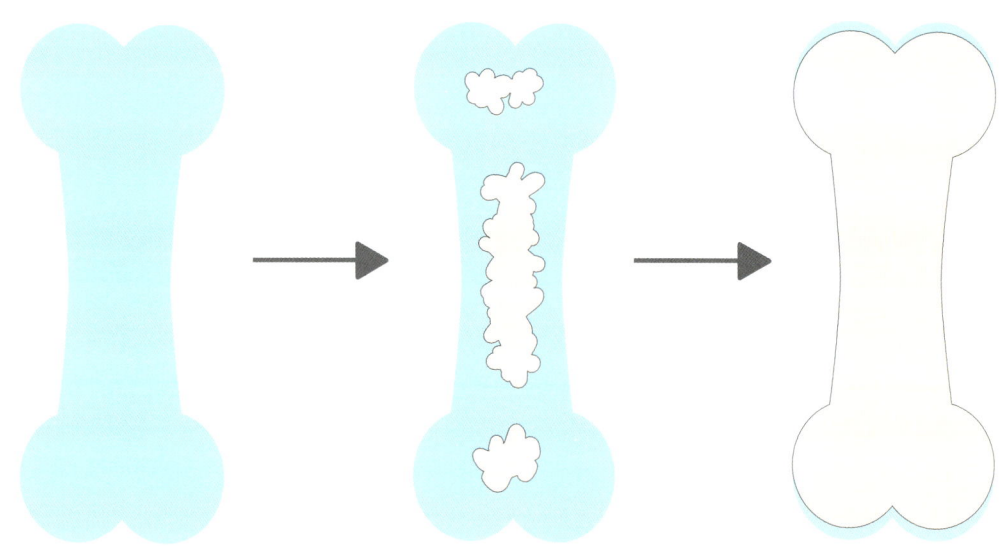

골화는 칼슘이 새로운 뼈를 만드는 과정이에요.

골화는 칼슘이 우리 몸에 꼭 필요한 만큼 유지되도록 평생 진행돼요. 하지만 대부분의 골화는 우리 몸의 뼈대가 만들어지는 어린 시절에 이루어지지요. 또 골화는 뼈가 부러졌을 때 뼈를 원래의 상태로 되돌리는 데 도움을 줘요.

Photosynthesis
광합성

광합성은 식물이 햇빛으로부터 에너지를 받아 화학 에너지로 저장하는 과정이에요.

지구에 있는 거의 모든 생명체는 광합성에 의지해서 살아요. 광합성은 우리가 먹는 식물이 자라도록 도와주고, 우리가 숨 쉬는 산소를 만들어 내요. 식물 외에 바다에서 사는 조류와 남세균 같은 몇몇 유기체도 광합성을 할 수 있어요.

Queen
여왕

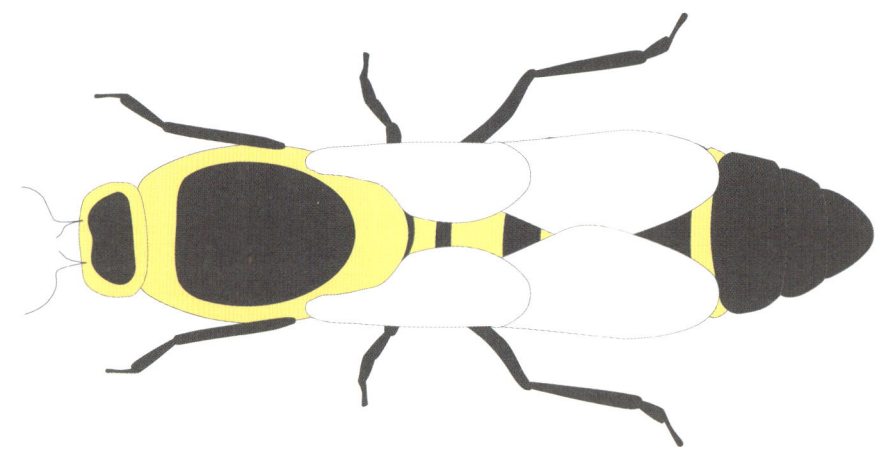

여왕은 몇몇 곤충 군체에서
알 낳기를 도맡아 하는 개체를 가리켜요.

벌과 개미 같은 몇몇 곤충의 세계에는 여왕이 있어요. 예를 들어 꿀벌 가운데 특별한 암컷 애벌레는 로열젤리를 먹고 자라서 여왕벌이 돼요. 꽃가루와 꿀을 먹은 다른 벌들은 여왕벌이 알을 낳을 수 있게 교미하는 수벌로 자라거나, 일을 도맡아 하는 일벌로 자라요.

R etina
망막

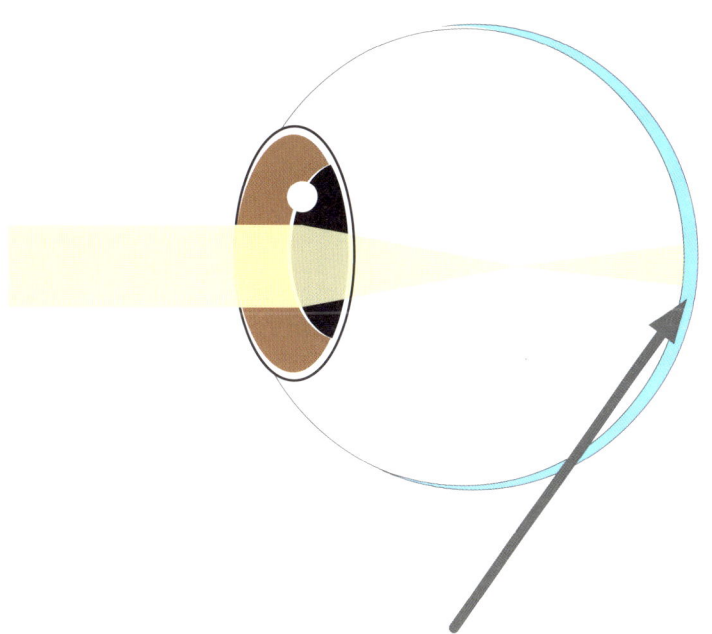

망막은 눈의 가장 안쪽을 덮고 있는 신경 조직이에요.

망막은 빛을 흡수하는 세포 수백만 개로 이루어져 있어요. 이 세포들은 뉴런을 통해 뇌에 정보를 보내요. 우리가 눈으로 보는 물체의 모습은 이런 정보를 받은 뇌가 만들어 낸 거예요. 이렇게 머릿속에 떠오른 모습을 '상'이라고 해요.

Stem cells
줄기세포

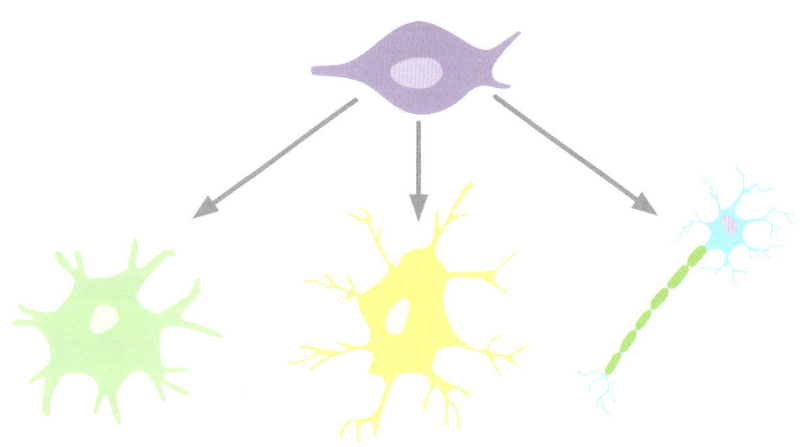

줄기세포는 생명체가 성장하거나 재생되는 과정에서 다른 세포로 변할 수 있어요.

태아의 초기 단계에서 발견되는 세포는 '배아 줄기세포'예요. 이 세포는 우리 몸에 필요한 여러 종류의 세포로 갈라져서 변화해요. 골수와 뇌 같은 일부 신체 부위에는 '성체 줄기세포'가 있어요. 이 세포는 그 조직에 있는 오래된 세포를 대신하는 새로운 세포를 만들어 내요.

Temporal lobe
측두엽

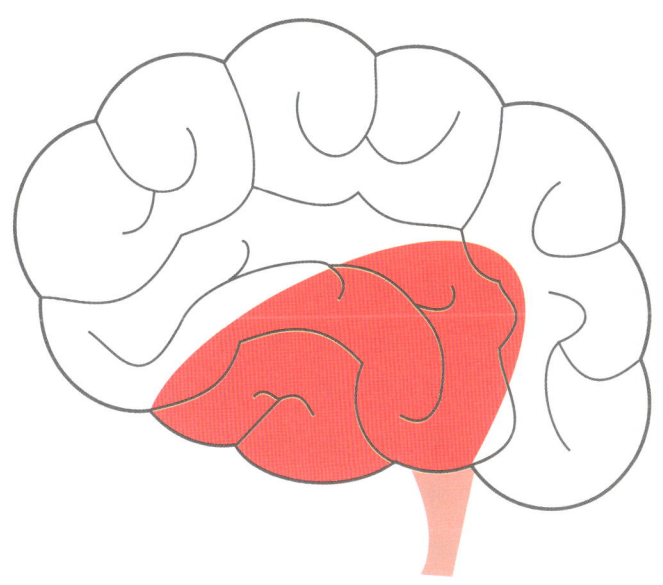

측두엽은 청각 정보를 처리하는 뇌의 한 부분이에요.

측두엽은 언어를 배우고 얼굴을 기억하는 것처럼 우리가 듣거나 보는 걸 받아들이고 이해하도록 도와줘요. 측두엽은 기억력, 성격, 창의력과도 관련이 있어요. 측두엽에 문제가 생기면 사물이나 사람 얼굴을 알아보지 못하게 돼요.

Unicellular
단세포 생물

단세포 생물은 단 하나의 세포로 이루어져 있어요.

과학자들은 단세포 생물이 지구에 나타난 첫 번째 생명체라고 생각해요. 단세포 생물은 대부분 눈에 보이지 않을 만큼 아주 작지만, 손바닥만큼이나 큰 것도 있어요!

Virus
바이러스

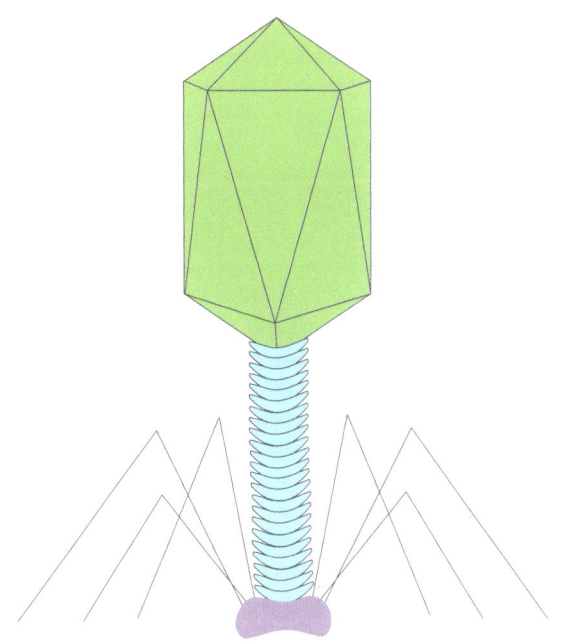

바이러스는 동물, 식물, 세균 같은 생물체의 도움이 있을 때만 증식할 수 있는 아주 작은 입자예요.

바이러스는 인간과 세균을 포함한 모든 생명체를 감염시킬 수 있어요. 어떤 바이러스는 질병을 일으키지만, 과학자들은 오히려 우리에게 도움을 주는 바이러스 감염도 있다는 사실을 찾아내고 있어요.

Wood
나무질

나무의 줄기와 가지는 나무질로 이루어져 있어요.

나무질은 나무가 튼튼하게 버틸 수 있도록 도와주고, 뿌리에서부터 가지와 잎으로 영양분을 전달하는 통로 역할을 해요. 어떤 나무들은 1년에 하나씩 줄기에 고리 모양의 나이테를 만들어요. 그래서 나이테로 나무의 나이를 추측할 수 있답니다.

Xanthophylls
잔토필

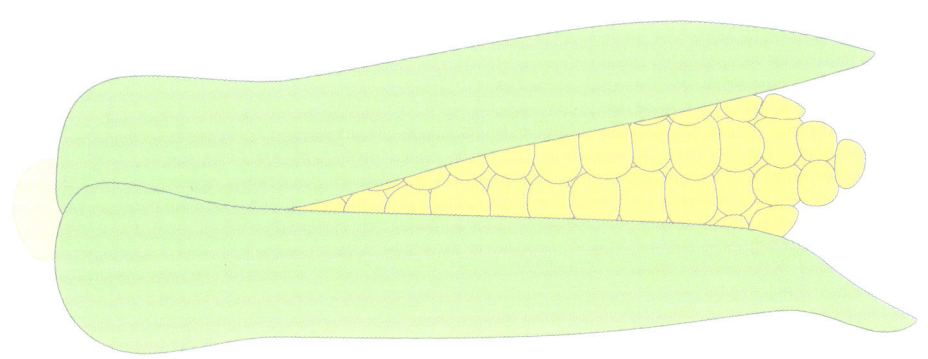

잔토필은 일부 식물과 과일이 노란색을 띠게 하는 색소예요.

잔토필은 파프리카나 옥수수 같은 식물에 많아요. 가을에 나뭇잎이 노랗게 물드는 것도 잔토필 때문이에요. 잔토필은 사람의 눈 뒤쪽에 있는 망막에도 있어요. 강한 빛으로부터 눈을 보호하는 역할을 한답니다.

Yolk
노른자

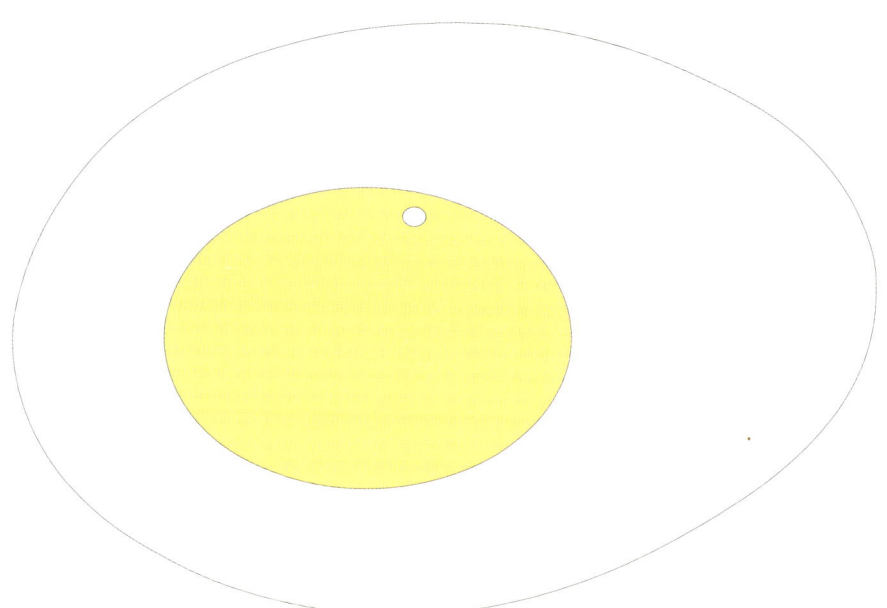

노른자는 알을 깨고 나오는 동물을 위한 영양분이에요.

노른자는 알의 한가운데 있는 동그란 물질이에요. 달걀노른자가 나중에 병아리가 되는 걸까요? 그렇지 않아요. 병아리는 노른자 표면에 있는 작은 흰 점에서 자라요. 그리고 알을 깨고 나올 때까지 노른자를 영양분으로 빨아들여요.

Zoology
동물학

동물학은 동물의 생태를 연구하는 학문이에요.

동물학은 생물학의 한 갈래예요. 동물의 신체 구조가 어떤지, 어떻게 자라는지, 다른 동물이나 환경과 어떻게 상호 작용하는지를 연구해요. 또 동물의 지능과 습성에 대해서도 연구한답니다.

생물학의 ABC

초판 1쇄 발행 2023년 11월 23일

지은이 크리스 페리·카라 플로렌스 **옮긴이** 정회성
펴낸이 김현태 **펴낸곳** 책세상어린이 **등록** 2021년 1월 22일 제2021-000032호
주소 서울시 마포구 잔다리로 62-1, 3층(04031) **전화** 02-704-1251 **팩스** 02-719-1258
이메일 editor@chaeksesang.com **광고·제휴 문의** creator@chaeksesang.com
홈페이지 chaeksesang.com **페이스북** /chaeksesang **트위터** @chaeksesang
인스타그램 @chaeksesang **네이버포스트** bkworldpub

ISBN 979-11-5931-991-4 74080
ISBN 979-11-5931-969-3 (세트)

잘못되거나 파손된 책은 구입하신 서점에서 교환해 드립니다.
책값은 뒤표지에 있습니다.
책세상어린이는 도서출판 책세상의 아동·청소년 브랜드입니다.
전 연령의 어린이에게 적합한 도서입니다. Printed in Korea

All rights reserved
including the right of reproduction in whole or in part in any form.
This edition published by arrangement with Sourcebooks, LLC.
This Korean translation published by arrangement with
Chris Ferrie in care of Sourcebooks, LLC through Alex Lee Agency ALA.

이 책의 한국어판 저작권은 알렉스리에이전시 ALA를 통해 Sourcebooks, LLC사와 독점 계약한 책세상에 있습니다.
저작권법에 의해 한국 내에서 보호를 받는 저작물이므로 무단 전재와 복제를 금합니다.